맨 처음 중국 사람들은 강가에서 살았어.
누런 강이라는 뜻을 가진 황허강이었지.
비옥한 땅에서 문명이 발달하고 여러 나라가 생겼다 사라졌어.
늘 맞서거나 다투기만 한 건 아니야.
서로 교류하며 멀리 유럽까지 가는 비단길도 활짝 열었단다.

나의 첫 세계사 3

비단길을 연 나라
중국

박혜정 글 | 김동성 그림

휴먼
어린이

여기에 커다란 땅덩이가 있어.
큰 땅덩이에서 바다 쪽으로 볼록 튀어나온 부분을 '반도'라고 해.
그래서 우리나라 땅을 '한반도'라고 부르는 거야.
한반도의 한 면은 아시아 대륙에 이어져 있지만, 나머지 세 면은 바다와 만나지.
우리나라에는 동해, 서해, 남해까지 세 개의 바다가 있단다.

한국, 일본, 중국은 이웃 나라야.
세 나라 중에서 가장 먼저 사람이 살고 문명이 발달한 곳은 중국이지.
중국은 러시아, 캐나다, 미국에 이어 세계에서 네 번째로 넓은 나라이기도 해.
중국은 처음부터 이렇게 큰 나라였을까?
오늘 우리는 중국으로 가 보자.

중국의 서쪽에는 칭짱 고원*이 있어.
칭짱 고원의 별명은 '세계의 지붕'이야. 세계에서 제일 높은 고원이거든.
산꼭대기에 쌓여 있는 눈이 녹으면서 큰 강들을 만드는데,
중국 문명이 시작된 황허강도 그중의 하나야.

* **칭짱 고원** 티베트 고원의 중국식 이름.

황허강의 '황'은 누렇다는 뜻이야.
처음에는 맑은 샘물이고 푸르른 호수였지만,
누렇고 거무스름한 땅을 지나면서 진흙 섞인 누런 강이 돼.
사람들은 강물이 자주 넘치는 황허강을 두려워했어.
하지만 황허강은 좋은 양분이 있는 흙을 나르며 기름진 평야를 만들어 주었지.
배가 다닐 수 있는 길이 되어 주기도 했어.
그렇게 아주 옛날부터 사람들은 황허강 주변에 모여 살았던 거야.

황허강에 모여든 사람들이 처음 도시를 이룬 곳은 은허야.
은허를 중심으로 발달한 첫 번째 나라는 **상**이었어.
상나라의 왕에게는 해야 할 중요한 일이 있었지.
나라의 큰일이 있을 때 점을 치는 일이야.

"비가 오려는가, 황허강이 넘치겠는가?"
"씨를 뿌려야 하는가, 올해는 풍년이겠는가?"
"전쟁이 나려는가, 이길 수 있겠는가?"

점을 치려면 거북의 배딱지가 필요해.
거북의 배딱지에 궁금한 내용을 새겨 넣은 다음,
날카로운 도구로 작은 구멍을 파고, 불에 굽는 거야!
구워지면서 가느다란 금이 생기는데,
금이 그어지는 방향이나 모양을 보고 앞일을 예측했대.
거북의 배딱지에 새겨 넣은 상나라 글자를 '갑골문'이라고 해.
중국 사람들이 사용하는 한자는 갑골문에서 시작되었지.

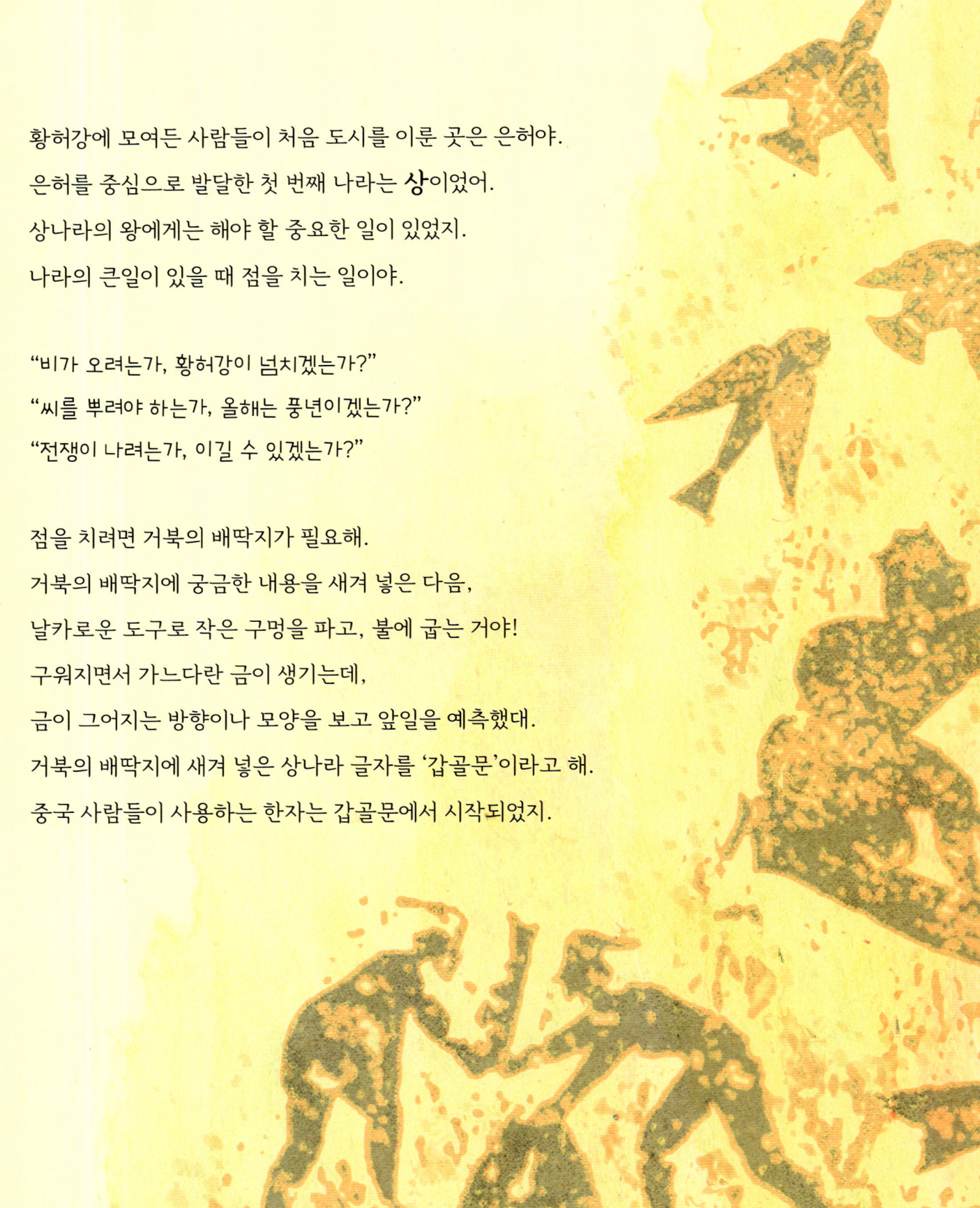

상나라를 정복하고, 새롭게 중국을 차지한 나라는 **주**야.
넓은 땅을 혼자 다스리기 어려웠던 주나라 왕은
자신에게 도움을 준 사람들에게 땅을 나누어 주었어.
왕에게 땅을 받은 사람을 '제후'라고 부르고, 제후가 받은 땅을 '봉토'라고 해.
왕은 제후들에게 봉토를 주고, 제후들은 왕에게 세금과 충성을 바쳤지.

시간이 흐르고 흘러서 왕의 아들의 아들의 아들이 왕이 되고,
제후의 아들의 아들의 아들이 제후가 되었을 때야.
제후는 잘 알지도 못하는 왕에게 충성을 다하지 않았고,
스스로 자기 땅의 왕이 되고 싶어 했지.
제후들이 나라 곳곳에서 힘을 기르는 시대, **춘추 전국 시대**가 시작된 거야.

춘추 전국 시대는 춘추 시대와 전국 시대를 합친 말이야.
춘추 시대의 제후들은 주나라 왕을 아직 받들고 있었고,
제후들끼리 심하게 다투지도 않았어.
전국 시대가 되자, 제후들이 스스로 왕이 되고 주나라 왕을 무시하기 시작했지.
강력한 일곱 개의 나라가 중국을 통일하기 위해 무수한 전쟁을 벌였어.
전국 시대는 전쟁의 시대야.

전국 시대 나라들은 강한 나라가 되고 싶어 했어.
나라가 강해지려면 무엇이 필요할까?

"무기와 군대! 다른 나라에 맞서 우리 나라를 지켜야 해."
"넉넉한 식량! 먹고사는 일이 가장 중요하지."
"유능한 관리! 백성들을 잘 보살피는 관리가 필요해."

전국 시대에는 철로 다양한 무기들을 만들어 냈어.
철제 농기구들이 널리 쓰이면서 농사 기술도 발달했지.
왕들은 능력 있는 관리와 학자를 모으려고 열심히 노력했어.
전국 시대는 경쟁의 시대야.

혼란스러운 춘추 전국 시대의 문제를 해결하고 싶은 사람들도 등장했어.

공자가 말했어.
"좋은 나라는 예의와 질서가 있는 나라입니다.
왕은 부모처럼 백성을 보살피고, 백성은 부모를 따르듯 왕을 따라야 합니다."

한비자는 말했지.
"좋은 나라는 엄격한 법이 있는 나라입니다.
법을 어기는 사람들에게는 벌을 줘서 사람들이 잘 따르도록 해야 합니다."

노자는 말했어.

"좋은 나라는 사람들을 그냥 내버려 두는 것입니다.

사람도 자연의 일부이고, 자연의 흐름을 억지로 바꿀 수 없듯 사람도 그러합니다."

묵자가 말했지.

"좋은 나라는 가난하고 불쌍한 사람이 없는 나라입니다.

굶주린 사람들에게 식량을 주고 약한 사람을 도와야 합니다."

사람들이 따르는 좋은 생각을 '사상'이라고 해.

공자의 사상은 유가, 한비자의 사상은 법가,

노자의 사상은 도가, 묵자의 사상은 묵가가 되어

중국 역사에서 저마다 중요한 역할을 하지.

가장 먼저 인기를 얻은 사상은 법가야.

법가를 받아들인 진나라가 마침내 춘추 전국 시대를 끝내거든.

진나라는 강력한 법으로 운영되는 군대와 나라를 만들고,

주변 나라들과 벌인 전쟁에서 승리하며 중국을 통일했어.

진나라 왕은 '통일된 나라의 시작을 여는 특별한 왕'이라는 의미로,

자신을 '시황제'라고 부르기로 했지.

시황제는 전국으로 뻗어 나가는 길을 만들고,

지방 곳곳에 관리를 보내서 중국 땅 전체를 다스렸어.

나라마다 달랐던 화폐와 글자도 같게 만들었지.

법가가 아닌, 다른 생각이 담겨 있는 책들은 모두 불태웠어.

여기에 반항하는 학자들을 구덩이에 묻기도 했대.

무시무시한 시황제에게도 두려운 사람들이 있었어. 중국 북쪽에 사는 흉노야.
한곳에 정착하지 않고 동물들을 기르며
물과 풀밭을 찾아다니는 사람들을 '유목 민족'이라고 해.
유목 민족인 흉노는 중국이 어지럽거나 약해지면 중국을 침략하곤 했어.
중국 사람들은 말을 잘 타고 날쌘 흉노를 두려워했지.

"흉노가 중국을 넘볼 수 없도록 길고 높은 성을 쌓자!"

진의 시황제는 흉노를 막아 내려고 어마어마하게 기다란 만리장성을 만들었어.
오늘날에도 만리장성을 실제로 보고 싶어 하는 사람들이 많아.
어마어마한 크기의 옛날 물건을 보는 일은 신비롭고 재미있거든.
하지만 그것들을 직접 만들어야 했던 진나라 사람들을 생각해 봐.
힘든 일을 계속 시키고, 작은 실수에도 큰 벌을 내리는 나라에서 살았던
진나라 백성들은 얼마나 무서웠을까?
백성들의 마음을 얻지 못한 진나라는 결국 통일한 지 15년 만에 멸망했어.

진나라가 사라지고, 중국에 새롭게 들어선 나라는 **한**이야.
한나라는 유가 사상을 받아들여 학교를 짓고, 학자들을 존중했어.
황제는 황제로서 모범을 보이고, 백성들을 보살피기 위해 노력했지.
한나라는 이후 400여 년 동안 중국을 다스렸어.
한문, 한자, 한족처럼 중국을 가리키는 말에는
한나라의 '한(漢)' 자가 들어갈 때가 많아.

한나라의 첫 번째 황제인 한고조는
유목 민족인 흉노에 맞서 싸웠지만, 전쟁에서 지고 말았어.
결국 흉노에게 해마다 비단과 쌀을 바치기로 약속했지.

한나라의 일곱 번째 황제인 한무제는 정복왕이야.
베트남의 남월을 정복하고, 한반도의 고조선도 멸망시켰지.
한나라 군사들은 흉노를 서쪽으로 쫓아냈고,
그러면서 서쪽으로 가는 새로운 길에 대한 정보를 얻었어.
이 길의 이름은 '비단길'이야.

비단길을 통해 전해진 것 중에 종이가 있어.
종이를 발명한 사람은 한나라의 관리 채륜이야.
닥나무 껍질을 잘게 잘라 삶으면 종이의 원료인 펄프를 뽑아낼 수 있어.
이것을 평평한 판에 고르게 펴서 잘 말리면
우리가 사용하는 것과 비슷한 종이가 만들어져.
종이가 발명되기 전까지는 거북의 배딱지, 동물의 뼈,
대나무나 비싼 비단에 글자를 썼어. 점토판이나 파피루스도 사용했지.
종이는 이 모든 것보다 구하기 쉽고, 글자를 쓰기에 아주 편리해.

비단길에서 가장 인기 있던 상품은 역시 비단이지.
비단을 만들려면 누에가 필요해. 누에는 누에나방의 애벌레야.
누에가 번데기로 변할 때 입에서 실을 토해 내며 고치를 만드는데,
이 고치를 삶고 말리면서 명주실을 뽑아내지.
명주실로 짠 비단은 색이 곱고 촉감이 부드러워서
고급스러운 옷을 만들기에 딱 좋아.

오랜 시간이 지나면서 한나라도 점점 힘을 잃어 갔어.
홍수로 강이 넘치거나 메뚜기 떼가 농사를 망쳤지.
귀족들은 제 욕심만 부리며 농민들의 땅을 빼앗고,
황제는 백성들에게 세금을 더 많이 걷었어.
농민들은 불만을 터뜨리고, 장군들은 황제를 배신했지.
결국 한나라가 멸망하면서 중국은 크고 작은 나라로 나뉘었어.

"중국이 혼란스럽다. 남쪽으로 가자.
우리가 그곳에 새로운 나라를 만들자!"

다그닥 다그닥,
거대한 말발굽 소리와 함께 여러 유목 민족이 만리장성을 넘어왔어.
중국 사람들은 자신이 살던 땅에 남아 유목 민족에 정복되거나
유목 민족을 피해 남쪽으로 이동해야 했지.

중국의 북쪽에는 황허강이 있어.
'화북'이라 불리는 이 지역을 유목 민족들이 차지하고 말았지.
화북에 들어선 여러 나라를 '북조'라고 해.
이곳의 황제들은, 사람들이 부처님을 따르듯 황제를 따르기를 바라며
　자신의 얼굴을 닮은 거대한 불상을 곳곳에 만들었어.

중국의 남쪽에는 황허강보다 더 기다란 창장강이 있지.
창장강의 '장'은 길다는 뜻이야.
유목 민족을 피해 창장강 근처로 모인 중국 사람들은
강이 넘치는 것을 막기 위해 둑과 저수지를 만들었어.
그리고 흙을 옮겨다 덮으며 농사짓는 땅을 늘렸지.
점차 풍요로워진 이 지역을 '강남'이라고 부르고,
강남에 들어선 여러 나라를 '남조'라고 해.

남조와 북조가 나뉘어 따로 발전하던 **남북조 시대**를 지나
새롭게 등장한 **수**나라가 중국을 다시 통일했어.
중국에 살던 한족과 다양한 유목 민족이 어우러지면서 더 큰 중국을 이루었지.

수나라는 중국의 남쪽과 북쪽을 연결하기 위해
창장강과 황허강을 잇는 새로운 물길을 만들 계획을 세웠어.
맙소사, 강과 강을 잇는다고?
큰 강들 사이에 있는 작은 강들을 연결하고 땅을 파면서
6년에 걸쳐 새로운 물길을 만들어 냈지. 바로 중국의 '대운하'야.
대운하를 통해 강남과 화북은 활발하게 교류할 수 있었어.

강력한 중국을 자랑하고 싶었던 수나라는
북쪽 초원 지대의 새로운 유목 민족인 돌궐을 공격했어.
동북아시아의 최강자인 고구려도 위협했지.

"수나라는 오랜 분열을 끝내고 중국을 통일했다.
유목 민족 돌궐도 우리에게 무릎을 꿇었다.
고구려도 항복하고 해마다 세금을 내라!"

수나라는 강력한 무기를 만들고, 100만 명이 넘는 군대를 고구려에 보냈어.

고구려의 성들은 성문을 걸어 잠그고 끝까지 버텼지.
특히 고구려 을지문덕 장군이 살수라는 강에서 수나라 군대를 크게 물리쳤어.
아주 크게 이겼다고 해서 살수 대첩이라고 불렀지.
이런 큰 전쟁이 무려 네 차례나 벌어졌어!
번번이 지면서도 전쟁을 계속하는 수나라에 불만을 가진 백성들은
곳곳에서 반란을 일으켰고, 결국 수나라는 멸망하고 말아.

수나라는 건국된 지 얼마 되지 않아 사라졌지만,
통일된 나라를 다스리기 위해 꼭 필요한 제도를 만들어 놓았어.

"통일한 나라의 유능한 관리를 뽑자.
귀족이 아닌 사람들도 시험을 볼 수 있게 하자."
"통일한 나라를 다스리기 위한 법과 제도를 만들자.
정교하고 합리적인 법과 제도!"

과거 시험과 율령 제도는 수나라의 뒤를 이은 **당**나라에 잘 전해졌어.
당나라는 수나라가 하지 못했던 고구려 정벌에도 성공했지.
북쪽의 여러 민족을 물리치며 영토는 더 넓어지고 나라는 안정되었어.
비단길을 장악하면서 무역과 상업도 더욱 발달할 수 있었지.

당나라의 수도는 장안이었어.
장안에서 시작된 비단길은 여러 고원과 사막을 지나 유럽의 도시들로 이어졌지.
비단과 향료, 도자기나 보석 같은 귀한 물건들을 가득 실은
낙타 행렬이 비단길을 누볐어. 비단길 사이사이에는 시장이 열렸지.
만리장성 너머 서쪽에 살던 사람들을 '서역인'이라고 불렀는데,
서역인들은 비단길을 오가며 활발하게 활동했어.

낙타 등 위에서 악기를 연주하고
노래를 부르며 신난 서역인들,
고개를 빳빳이 들고 사막을 걷는 낙타를 봐!
비단길을 지나다니던 서역인들의 모습이
당시 유행하던 당나라의 도자기로 지금까지 남아 있지.

장안은 서역 상인 말고도 인도와 아라비아 상인들,
여러 나라의 사신들과 유목 민족의 부족장들로 언제나 북적거렸어.
다양한 사람들이 뒤섞여 어울리던 국제도시 장안의 모습이야.
하지만 풍요롭고 활기찬 당나라의 평화도 영원하지는 않아.
당나라는 비단길의 서쪽으로 세력을 넓히다가 이슬람의 아바스 제국과 맞붙었어.
둘 사이에 벌어진 탈라스 전투에서 패배한 당나라는 점차 힘을 잃었지.

더군다나 북쪽의 유목 민족들도 틈틈이 중국을 넘보았어.
전쟁이 자주 일어나면서 군인들의 힘이 점점 세졌고,
반대로 황제의 힘은 약해지면서 당나라는 큰 혼란에 빠졌지.
하지만 이게 끝은 아니야. 중국의 역사는 새로운 나라로,
새로운 사람들로 계속 이어질 거야!

나의 첫 역사 여행

수나라와 당나라의 수도, 장안

시안 성벽

수나라와 당나라의 수도였던 장안을 오늘날에는 '시안(西安)'이라고 불러.
시안 시내에는 도시를 둘러싸고 있는 거대한 성벽이 있어.
원래는 당나라 때 처음 지어졌지만,
그때 만들어진 성벽은 당나라가 멸망할 무렵 대부분 파괴되었지.
지금 우리가 볼 수 있는 성벽은 명나라 때 다시 지어진 거야.
옛날 사람들은 외적을 막고 도시를 보호하기 위해 성벽을 지었어.
적군이 성벽을 쉽게 기어오르지 못하도록 성벽 바깥에 '해자'라고 하는
물웅덩이를 만들었지. 시안 성벽 밖에도 해자가 있어.
성벽에 올라 시안 시내를 한눈에 구경한 뒤,
자전거를 타고 성벽을 한 바퀴 도는 것도 참 재미있을 거야!

중국 산시성 시안시에 위치한 시안 성벽

대안탑

대자은사 안에 세워진 대안탑

당나라 때 비단길을 통해 많은 사람들이 장안을 드나들었지.
그중에는 '삼장 법사' 현장 스님도 있었어. 삼장 법사와 함께 여행하는
손오공과 저팔계, 사오정의 이야기를 알고 있니?
이 이야기는 현장 스님이 불교 경전을 연구하기 위해
인도 여행을 한 것에서 아이디어를 빌려 왔대.
현장 스님은 인도에서 가져온 불교 경전과 불상을 보존하기 위해
'대자은사'라는 절 안에 탑을 세웠어. 그 탑이 바로 대안탑이야.

삼장 법사 현장의 동상

병마용갱

시안 시내에서 버스를 타고 1시간쯤 가면
진시황릉과 병마용갱을 볼 수 있어.
진시황릉은 중국을 최초로 통일한 진나라 시황제의 무덤이야.
무덤 전체를 짓는 데 30년이 넘게 걸릴 정도로 크기가 어마어마해.
시황제는 자신의 무덤을 지켜 줄 병사와 말을 흙으로 빚어서
진짜처럼 보이도록 만들고, 거대한 구덩이 안에 집어넣었어.
이것이 병마용갱이야. 표정과 차림새가 제각각인 병사 인형들은
금방이라도 살아 움직일 것처럼 너무나 생생해!

병마용갱

나의 첫 역사 클릭!

흉노를 멀리멀리 쫓아내자!

중국 북쪽의 초원에는 주로 가축을 키우며 돌아다니는 유목 민족이 살았어.
이곳 사람들은 중국 사람들과 교역하거나,
또는 중국 땅에 쳐들어와서 필요한 것을 빼앗아 가곤 했지.
춘추 전국 시대나 진나라, 한나라의 역사가 펼쳐지고 있을 때
중국 땅 북방에서 활약하고 있던 유목 민족은 '흉노'야.
흉노를 막기 위해서 전국 시대의 몇몇 나라들이 성벽을 쌓았고,
전국 시대를 통일한 진시황제는 성벽을 더 기다랗고 단단하게 이어 나갔어.
이 성벽이 바로 '만리장성'이야. 진시황제가 만든 만리장성은
이후에도 꾸준히 고쳐지고 이어져서 현재 우리가 볼 수 있는 모습이 되었지.

유목 민족의 침입을 막기 위해 만들어진 거대한 성곽, 만리장성

진나라에 이어 중국을 통일하여 다스린 것은 한나라야.
한의 무제는 흉노와 전쟁을 하기로 했어.
마침 중국 서쪽에 있는 '대월지'라는 나라도 흉노에게 원한이 있다고 하니,
대월지와 힘을 합해서 흉노를 무찌르면 좋겠다고 생각했지.
한무제는 '장건'이라는 신하를 보내 자신의 뜻을 전했지만,
대월지의 왕은 그 제안을 거절했어.
하지만 이 과정에서 대월지로 향하는 긴 여정을 겪고 돌아온 장건 덕분에
중국 서쪽으로 통하는 길과 서역(중국 서쪽의 여러 나라)의 사정을 알게 되었지.

중국의 양관 박물관 광장에 서 있는 장건 동상

흉노와 벌인 전쟁에서 군대를 총동원한 한무제는 결국 승리했고,
이때부터 한나라는 서역으로 가는 길을 차지할 수 있었어.
이 길을 통해 중국의 비단이 유럽까지 팔려 나갔고,
포도, 호두, 참깨, 마늘 같은 새로운 물건이 중국으로 들어왔지.
먼 훗날, 독일의 학자가 이곳에 실크 로드(Silk Road)라는 이름을 붙이면서
이 길은 '비단길'이라는 이름으로 널리 불리게 되었단다.

글 박혜정

성균관대학교 역사교육과에서 공부했습니다. 중학교에서 역사를 가르치며 학생들과 세계사의 재미를 나누고 있습니다. 두 아이의 엄마로, 아이를 무릎에 앉혀 놓고 그림책을 읽어 주던 때가 인생에서 빛나던 시절 중 하나라 여기고 있습니다.

그림 김동성

부산에서 태어나 홍익대학교 미술대학에서 동양화를 공부했습니다. 그림책 《엄마 마중》으로 백상출판문화상을 수상했고, 《책과 노니는 집》, 《메아리》, 《간송 선생님이 다시 찾은 우리 문화유산 이야기》, 《비나리 달이네 집》, 《그 여름의 덤더디》, 《들꽃 아이》 등에 그림을 그렸습니다.

나의 첫 세계사 3 — 비단길을 연 나라 중국

1판 1쇄 발행일 2022년 10월 20일

글 박혜정 | **그림** 김동성 | **발행인** 김학원 | **편집** 박현혜 | **디자인** 박인규
저자·독자 서비스 humanist@humanistbooks.com | **용지** 화인페이퍼 | **인쇄** 삼조인쇄 | **제본** 영신사
발행처 휴먼어린이 | **출판등록** 제313-2006-000161호(2006년 7월 31일) | **주소** (03991) 서울시 마포구 동교로23길 76(연남동)
전화 02-335-4422 | **팩스** 02-334-3427 | **홈페이지** www.humanistbooks.com

글 ⓒ 박혜정, 2022   그림 ⓒ 김동성, 2022
ISBN 978-89-6591-463-1 74900
ISBN 978-89-6591-460-0 74900(세트)

- 이 책은 저작권법에 따라 보호받는 저작물이므로 무단 전재와 무단 복제를 금합니다.
- 이 책의 전부 또는 일부를 이용하려면 반드시 저작권자와 휴먼어린이 출판사의 동의를 받아야 합니다.
- **사용연령 6세 이상** 종이에 베이거나 긁히지 않도록 조심하세요. 책 모서리가 날카로우니 던지거나 떨어뜨리지 마세요.